Rumpelst

Illustrations de Pam Storey
Adaptation de Grace De La Touche
Traduction : Josette Gontier

Imprimé en Italie
ISBN 2 87628 703 X

Il était une fois, dans un lointain pays, un meunier qui vivait avec sa fille.

Ce meunier était un homme très vantard qui prétendait que tout lui réussissait.

Et ce jour-là, tandis qu'il livrait de la farine au palais, il fanfaronnait comme à l'ordinaire.

« Ma fille est très belle et très intelligente », dit-il
au Chambellan. « Savez-vous qu'elle est capable
de changer la paille en or ? »
Malheureusement pour le meunier, le Roi vint à
passer, et il entendit ses propos. Après le départ
du meunier, il fit venir son Chambellan.

« Je t'ai entendu bavarder avec le meunier, lui dit-il. Ainsi, il prétend que sa fille peut changer la paille en or ? Va la chercher tout de suite ! »
Les messagers du Roi se rendirent au moulin.
En les voyant arriver, la fille du meunier s'écria :
« Père, qu'avez-vous encore raconté ? »

Le meunier avait déjà oublié les propos vantards qu'il avait tenus au Chambellan.

« Le Roi demande que la fille du meunier lui fasse le plaisir de venir lui montrer son aptitude à changer la paille en or », annonça un des messagers royaux.

A cette nouvelle, le meunier et sa fille eurent le souffle coupé.

« Père ! s'écria la jeune fille.

– Ma chère enfant, fanfaronna le meunier, j'ai seulement dit au Chambellan combien tu étais intelligente. »

La jeune fille rassembla quelques affaires à la hâte et accompagna les envoyés du Roi au palais.

Le Roi les attendait dans le
Grand Salon.
« Tu as, paraît-il, un don
exceptionnel, dit-il.
– Sire, mon père a sans
doute quelque peu exagéré,
déclara la jeune fille. Il a
tendance à tenir des propos
sans réfléchir.
– Mais je l'ai entendu de
mes propres oreilles !
assura le Roi. Une salle a été préparée à ton
intention. »
Avant que la jeune fille ait pu protester, elle fut
conduite dans une grande salle remplie de tas de
paille. On referma la porte à clef derrière elle.

La malheureuse se mit à pleurer. Comment
changer la paille en or ? C'était impossible !
La nuit s'écoula, et les doigts de la jeune fille
étaient endoloris pour avoir trituré la paille dans
tous les sens. Hélas, pas la moindre once d'or
n'était apparue.
Elle prit sa tête dans ses mains. C'était sans
espoir.
« Hum ! Je peux peut-être t'aider... »
La jeune fille leva les yeux. Devant elle se tenait
un nain.
« Je ne crois pas que quelqu'un puisse m'aider,
dit-elle.
– Et pourquoi pas ?
demanda le nain.
– Parce que je dois
changer toute cette
paille en or !
– Parfait ! dit le nain. Je
peux peut-être t'aider.
Repose-toi un moment ;
à ton réveil, tes
tourments se seront
envolés. »

La fille du meunier ne voyait pas comment cet
étrange inconnu pouvait l'aider, mais elle obéit.
Pendant qu'elle dormait, le petit nain sifflait en
travaillant. A l'aube, il la réveilla. « Le travail est
fait, dit-il avec joie. Que me donnes-tu en
échange ?
– Je n'ai que mon collier, dit la jeune fille
stupéfaite d'apercevoir des piles d'écus en or, à la
place de la paille.
– Je te remercie. Au revoir. » Et le petit bonhomme
disparut aussi vite qu'il était arrivé.

Quelques minutes plus tard, le Roi en personne vint ouvrir la porte.

« C'est vraiment extraordinaire ! s'exclama-t-il en découvrant les piles de pièces d'or. Je pensais vraiment que ce n'était pas possible. Tu as un don absolument remarquable. Cependant, pour plus de certitude, nous allons renouveler l'expérience cette nuit. »

Le Roi passa la journée en compagnie de la jeune fille et la trouva très belle. Sur ce point, le meunier n'avait pas menti !

Le soir, le Roi conduisit la jeune fille dans une salle deux fois plus grande que la première et pleine de paille du plancher jusqu'au plafond. La fille du meunier y entra, et il ferma la porte à clef.

Elle savait qu'elle ne pouvait rien faire, aussi attendit-elle jusqu'au petit matin, espérant que le nain reviendrait.

« Je dois faire encore la même chose ? demanda-t-il. C'est si amusant !

— Oui. Il faut que je change toute cette paille en or !

— Parfait ! Va te reposer. Et je vais accomplir cette tâche !

— Je vous remercie », dit la jeune fille.

Lorsque le nain la réveilla, des pièces d'or empilées entouraient le rouet. Cette fois, elle lui donna un écu d'or en guise de remerciements.

Quelques instants après, le Roi entra dans la salle.

« C'est vraiment extraordinaire ! » s'exclama-t-il. Il fit sortir la jeune fille de la pièce et passa à nouveau la journée avec elle. Bientôt, il tomba amoureux d'elle.

Ce soir-là, le Roi la conduisit dans une salle immense.

« Si tu accomplis une telle prouesse une dernière fois, demain matin, tu seras libre », lui dit-il.

Cette fois encore, la jeune fille s'assit et attendit. Le nain apparut peu avant l'aube. A nouveau, il l'invita à se reposer pendant qu'il s'acquittait de sa tâche.

Lorsqu'il eut terminé, il la réveilla.

« Comment me récompenseras-tu, aujourd'hui ? lui demanda-t-il.

– Je n'ai plus rien, avoua la jeune fille.

– Comment rien ? Tu veux donc dire que tu ne vas pas me payer pour tout le travail que j'ai fait pour toi ? » Le nain était hors de lui.

– Le Roi m'a promis de me libérer, déclara la
jeune fille. Je te paierai plus tard, pas maintenant.
– Parfait ! dit le petit bonhomme. Il y a une chose
que tu peux me donner.
– Qu'est-ce que c'est ? Allons ! Dis-le moi !
– Lorsque tu seras Reine, tu m'offriras ton premier
enfant !
– C'est promis ! » Une fille de meunier avait-elle
quelque chance de devenir Reine ? Certainement
pas !
Le nain se frotta les mains et disparut à nouveau.
Lorsque le Roi vint ouvrir la porte, il demanda
aussitôt la fille du meunier en mariage.

Le premier moment de stupeur passé, elle songea
à la promesse qu'elle avait faite au nain. Etait-il
au courant des intentions du Roi ?
Le mariage fut célébré quelques jours plus tard.
Lorsqu'il vit sa fille assise sur le trône, près du Roi,
le meunier se sentit très fier.

Les mois passèrent, et presque un an après son mariage, la Reine mit son premier enfant au monde. C'était une jolie petite fille aux cheveux blonds comme ceux de sa maman. Le Roi et la Reine l'aimaient tendrement.

Un jour, la Reine était seule avec sa petite fille lorsque le nain apparut subitement devant elle. « Je viens chercher mon dû, dit-il. Comme tu me l'avais promis. »

La Reine serra le bébé contre elle. « Tu ne l'auras jamais ! Je te donnerai quelque chose d'autre, mais je t'en supplie, ne me prends pas ma petite fille !

– Tu as promis, dit le petit homme.

– Elle est si petite !

– Je te laisse une chance ! déclara le nain. Si tu devines comment je m'appelle, tu pourras garder ton enfant. Je te donne trois jours. » Et il disparut.

La reine fit aussitôt appeler ses messagers.

« Courez aux quatre coins du royaume, et rapportez-moi les noms les plus étranges que vous trouverez, leur ordonna-t-elle. C'est très important. Vous n'avez que trois jours. »

Les messagers partirent dans des directions différentes.

Le lendemain, le nain réapparut.
« Tu connais mon nom ? demanda-t-il.
– Richard ? Thomas ? ou Edouard ? proposa la
Reine.
– Non ! Non ! Non ! cria le nain. Tu devras faire
mieux que cela. » Et il disparut.

Le lendemain, en le revoyant, la Reine fut très ennuyée. Ses messagers n'avaient trouvé aucun nom étrange.

« Allons ! dit le nain. Tu as découvert mon nom ?
– C'est Perkin, Algernon ou Quincy ? demanda la Reine cherchant désespérément des noms peu répandus.
– Non ! Non ! Non ! » Le nain partit d'un grand éclat de rire et disparut à nouveau.

La reine était très inquiète, mais cette nuit-là, ses
deux derniers messagers arrivèrent.
« Nous traversions la forêt lorsque nous avons vu
un incendie, dirent-ils à la Reine. Un petit
bonhomme dansait autour du feu en chantant une
drôle de chanson :

Ce soir, je fais un bon feu, puis je cuirai au four
le bébé de la Reine que je prendrai demain.
La Reine n'y peut rien
car elle ignore que je m'appelle
Rumpelstilzchen ! »

« Je vous remercie ! » dit la Reine.
Le lendemain, le nain se présenta.
« Connais-tu mon nom ? lui demanda-t-il avec un
large sourire.
– Wilberforce ? proposa la Reine.
– Non ! cria le petit homme.
– Zebedee ?
– Pas du tout ! cria-t-il en se frottant les mains.